BEI GRIN MACHT SICH IHR WISSEN BEZAHLT

- Wir veröffentlichen Ihre Hausarbeit,
  Bachelor- und Masterarbeit

- Ihr eigenes eBook und Buch -
  weltweit in allen wichtigen Shops

- Verdienen Sie an jedem Verkauf

Jetzt bei www.GRIN.com hochladen und kostenlos publizieren

Christina Schnee

Die neue Schulbibel "Meine Schulbibel": Konzept, Aufbau und bibeldidaktische Ausrichtung

GRIN Verlag

Bibliografische Information der Deutschen Nationalbibliothek:

Die Deutsche Bibliothek verzeichnet diese Publikation in der Deutschen National-
bibliografie; detaillierte bibliografische Daten sind im Internet über http://dnb.d-
nb.de/ abrufbar.

Impressum:

Copyright © 2008 GRIN Verlag, Open Publishing GmbH
Druck und Bindung: Books on Demand GmbH, Norderstedt Germany
ISBN: 978-3-656-47946-8

Dieses Buch bei GRIN:

http://www.grin.com/de/e-book/232070/die-neue-schulbibel-meine-schulbibel-
konzept-aufbau-und-bibeldidaktische

GRIN - Your knowledge has value

Der GRIN Verlag publiziert seit 1998 wissenschaftliche Arbeiten von Studenten, Hochschullehrern und anderen Akademikern als eBook und gedrucktes Buch. Die Verlagswebsite www.grin.com ist die ideale Plattform zur Veröffentlichung von Hausarbeiten, Abschlussarbeiten, wissenschaftlichen Aufsätzen, Dissertationen und Fachbüchern.

Besuchen Sie uns im Internet:

http://www.grin.com/

http://www.facebook.com/grincom

http://www.twitter.com/grin_com

Inhaltsverzeichnis

1. Einleitung

In meiner Hausarbeit werde ich mich vor allem mit dem „Gleichnis nach dem verlorenen Sohn" beschäftigen. Hierbei werde ich mich auf das Buch „Meine Schulbibel" stützen.

Diese Arbeit wird sich vor allem mit dem Thema Gleichnisse befassen. Welche Gattungen von Gleichungen gibt es? Wie sind sie zu deuten? Welche Merkmale besitzen sie?

Besonders werde ich mich auf das Gleichnis vom verlorenen Sohn aus dem Lukasevangelium stützen und ihn auf seine Aussage und sein Gottesbild hin deuten. Ich werde die einzelnen Personen charakterisieren und ihre Bedeutung veranschaulichen.

Gleichnisse kann man auf unterschiedliche Weise hin deuten und meistens wird auch nicht nur ein Gottesbild dargestellt. Handelt es sich eher um ein helles oder um ein dunkles Gottesbild? Welche möglichen Gottesbilder in diesem Gleichnis stecken, möchte ich durch die Arbeit herausstellen.

2. Meine Schulbibel

2.1 Aufbau der Schulbibel

Die Schulbibel besteht aus 99 Auswahltexten aus dem Alten und dem Neuen Testament. Das Alte Testament umfasst 54 Texte, das Neue Testament umfasst 45 Texte.

Am Ende der Auswahltexte befindet sich ein kleines Bibel-Lexikon. Es bietet anschaulich, formulierte, klare Erklärungen von Sachbegriffen, Orten und Namen. Sie werden auch durch Bilder verdeutlicht.

Die Auswahltexte sind gekürzt und sprachlich vereinfacht. Dadurch entsteht eine sprachlich einfache für Kinder zu verstehende Form. Die Textauswahl geschränkt sich auf die wesentlichen Erzählungen aus der Bibel. Die Auswahltexte werden durch 30 Illustrationen mit spannungsreichen biblischen Szenen untermalt.

Des Weiteren befinden sich zwei anschauliche Landkarten in der Schulbibel.

3. Textkommentar

3.1 Inhalt und Aussage

Der Textkommentar beinhaltet didaktische Vorüberlegungen, die sich mit den Möglichkeiten, Zielen, Methoden und Mitteln des Bibelunterrichts in der Grundschule befassen. Der Hauptteil bezieht sich auf die Auswahltexte. Außerdem wird die Unterrichtsvorbereitung und Gestaltung unterstützt. Dies geschieht durch Einstiegsüberlegungen und Unterrichtsentwürfe. Der Lehrer findet Kopiervorlagen, Erzählgeschichten, Vergleichstexte, Bastelvorschläge, Bildskizzen und Lieder als Unterstützung.

Zum Auswahltext bietet der Textkommentar Informationen zur Struktur und Gattung, Entstehungs- und Traditionsgeschichte und zu historisch-kulturellen Hintergründen der jeweiligen Texte.

Allgemein will also der Textkommentar Angebotsmöglichkeiten und Hilfestellungen für den Lehrer geben, damit er seinen Unterricht gestalten kann. Außerdem bietet er Erklärungen zum Verständnis der Bibeltexte.

4. Der verlorene Sohn und sein Bruder

4.1 Merkmale von Gleichnissen

Das griechische Wort Parabel („παραβολή") entspricht dem deutschen Wort Gleichnis. Zwei Begriffe, ein abstrakter und ein alltäglicher Begriff, werden nebeneinander gestellt, um den abstrakten Begriff verständlich zu machen. Der abstrakte erste Begriff ist aus dem Bereich der Philosophie oder Ethik entnommen und ist nicht jedem direkt klar verständlich, deshalb wird er durch einen alltäglichen Begriff verdeutlicht.[1]

Bei Gleichnissen handelt es sich um einen besonders wichtigen Teil des Redestoffs. Meistens handelt es sich dabei um gesprochene Erzähltexte von Jesus, die einen metaphorischen Sinn haben.[2] Am Ende eines Gleichnisses findet man meistens immer einen „Überraschungsmoment", der einen Denkanstoß setzen soll.

In Gleichnissen kann man Denkanstöße, Widersprüche, Ungewohntes, Schockwirkungen, Ärgernisse, Aufforderungen/Appelle, Symbole, versteckte

---

[1] vgl. LThK, Bd.4 S.958: Gleichnis
[2] vgl. Arbeitsbuch zum neuen Testament, S. 102

3

Übertragungen finden, aber auch so manches Paradoxon. Es müssen jedoch nicht alle diese Variablen in einem Gleichnis enthalten sein.

Die Urgemeinde hat die Gleichnisse häufig allegorisch gedeutet, weshalb die Überlieferungen mit Allegorien gemischt sein können. Das heißt, die Urgemeinde hat die Verkündigung Jesu allegorisch verändert. Dies muss man bei der Deutung der Gleichnisse beachten. So, wie man die Gleichnisse der Bibel heute vorfindet, sind es keine Originaltexte Jesu, sondern Bearbeitungen und Deutungen der Urgemeinde und Veränderungen in der Überlieferung. Daher muss man die Elemente der Verkündigung Jesu von den Elementen der Urgemeinde unterscheiden.[3]

Wichtig für Jesus waren die „Basileia Tou Theou" (Königsherrschaft Gottes) und „Metanoia" (Umkehr zu Gott) in seinen Gleichnissen. Daher benutzt er häufig Gleichnisse, um vom Reich Gottes zu berichten und dieses seinen Zuhörern verständlich zu machen. Die Menschen kennen das Reich Gottes nicht und können sich nichts darunter vorstellen. Deshalb nutzt Jesus die sogenannte Bildrede als Vergleich zum Reich seines Vaters, um es seinen Zuhörern zu erklären und bildlich darzustellen. Die handelnden Personen (Pharisäer, Zöllner, Richter, Kaufleute usw.) treffen entweder mit einem typischen oder auch einem atypischen Verhalten aufeinander.

Für die Beispielerzählungen ein wichtiger Aspekt ist ebenfalls der Erzählcharakter und ihre Frage wie Erzählungen oder Geschichten zu einem Gleichnis werden. Gleichnisse sind meistens im Präsens verfasst und der Vergleichsbereich im Text ist konkretisiert. Die Beispielerzählung spiegelt jedoch nur das sprachliche Bild in einer didaktischen Form. Sie zeigen einen Sachverhalt auf, welcher in einen realen Bezug überführt werden kann.

Weitere folgende Stilmerkmale charakterisieren ein Gleichnis:

1. Es werden nur wichtige und für die Darstellung der Handlung wichtige Personen genannt. Daher ist ein Gleichnis allgemein kurz gehalten.
2. Es treten im Normalfall nur zwei handelnde Personen oder zwei Gruppen auf.
3. Man verfolgt ein klares Ziel und daher ist das Gleichnis einlinig.
4. Das Gewicht liegt auf den Schluss („Achtergewicht").

---

[3] vgl. Joachim Jeremias, S.15

A. Jülicher hat die Gleichnisse in folgende Klassifizierungen unterteilt:

a) In Mt 5,14: *Eine Stadt auf einem Berg kann nicht verborgen sein*, ist die Vorform der Gleichniserzählung - das Bildwort.

b) Mt 5,29: *Wenn dich dein Auge ärgert, reiß es aus!* und Mk 8,35: *Wer sein Leben retten will, der wird es verlieren*, sind Steigerungsformen des Bildwortes - man nennt sie Hyperbel und Paradoxie.

c) Selten zu finden ist der einfache Vergleich, wie in Mt 10,16 *Seid klug wie die Schlange und ohne Falsch wie die Tauben*

d) Den abgekürzten Vergleich nennt man Metapher. Dieser muss entschlüsselt werden, wie zum Beispiel in Mt 7,13 „die enge Pforte" oder „der schmale Weg".

e) Es gibt vier Gattungen von Gleichnissen:

1. Das Gleichnis im engeren Sinne beschreibt einen allgemein zu beobachtenden Sachverhalt, welches „zeitlos" im Präsens geschildert wird. Man spricht auch von der „besprochenen Welt". Damit die Hörer zu einem bestimmten Urteil kommen können, müssen sie selber das Geschehnis beobachten.

2. Die weitere Gattung ist die Parabel. Hier ist eine Geschichte, mit einer bestimmten und individuellen Handlung Gegenstand. Es gibt nur einen Vergleichspunkt.

3. Wie oben schon beschrieben, ist die Allegorie ein Sonderfall der Parabel. Sie ist eine Aufreihung einzelner Metaphern mit daher mehreren Vergleichspunkten. Merkmal einer Allegorie ist ihre unnatürliche Handlung.

4. Die Beispielerzählungen sind ebenfalls Sonderfälle. Wie in der Parabel wird hier auch ein bestimmter Vorfall erzählt, welcher aber im Unterschied zur Parabel keine metaphorische Rede enthält, sondern direkt ein bestimmtes vorbildliches Verhalten geschildert wird. Man findet Beispielerzählungen nur im Sondergut von Lukas. [4]

---

[4] vgl. Arbeitsbuch zum neuen Testament, S. 104/105

4.2 Der Bibeltext (Lk 15,11-32)

(11) Darauf sprach Jesus: Ein Mann hatte zwei Söhne. (12) Und der jüngere von ihnen sagte zum Vater: Vater, gib mir den Teil des Vermögens, der mir zusteht. Der aber teilte unter sie das Vermögen.

(13) Und nach wenigen Tagen, nachdem er alles zusammengepackt hatte, zog der jüngere Sohn fort in ein fernes Land und verschleuderte dort sein Vermögen, indem er heillos drauflos lebte. (14) Als er aber alles aufgebraucht hatte, kam eine gewaltige Hungersnot über jenes Land, und er begann Mangel zu leiden. (15) Und er ging hin und hängte sich einem der Bürger jenes Landes an, und der schickte ihn auf seine Felder, um Schweine zu hüten. (16) Und er begehrte, sich zu sättigen von den Schoten, die die Schweine fraßen, doch niemand gab ihm davon.

(17) Da ging er in sich und sagte: Wieviele Tagelöhner meines Vaters haben Brot im Überfluß, ich aber gehe hier durch Hunger zugrunde. (18) Ich will mich aufmachen, zu meinem Vater gehen und ihm sagen: Vater, ich habe gesündigt gegen den Himmel und vor dir; (19) ich bin nicht mehr wert, dein Sohn genannt zu werden. Behandle mich wie einen deiner Tagelöhner. (20) Und er machte sich auf und ging zu seinem Vater.

Als er aber noch weit entfernt war, sah ihn sein Vater und empfand Erbarmen; und er lief hin, fiel ihm um den Hals und küßte ihn. (21) Der Sohn aber sagte zu ihm: Vater, ich habe gesündigt gegen den Himmel und vor dir; ich bin nicht mehr wert, dein Sohn genannt zu werden. (22) Der Vater aber sagte zu seinen Knechten: Schnell, bringt das beste Gewand heraus und zieht es ihm an und gebt einen Ring an seine Hand und Schuhe an seine Füße. (23) Und bringt das Mastkalb herbei, schlachtet es und wir wollen essen und fröhlich sein. (24) Denn dieser mein Sohn war tot und ist wieder lebendig geworden, er war verloren und ist wiedergefunden worden. Und sie begannen, ein Fest zu feiern.

(25) Sein älterer Sohn aber war auf dem Feld. Und als er kam und sich dem Haus näherte, hörte er Musik und Reigen; (26) und er rief einen der Knechte herbei und erkundigte sich, was das bedeute. (27) Der aber sagte zu ihm: Dein Bruder ist

gekommen, und dein Vater hat das Mastkalb geschlachtet, weil er ihn gesund wiedererhalten hat.

(28) Da wurde er zornig und wollte nicht hineingehen. Sein Vater aber kam heraus und bat ihn. (29) Er aber antwortete und sprach zu seinem Vater: Siehe, so viele Jahre diene ich dir, und niemals habe ich dein Gebot übertreten, und mir hast du niemals ein Ziegenböcklein gegeben, damit ich mit meinen Freunden fröhlich sei. (30) Als aber dieser da, dein Sohn, der dein Vermögen mit Huren durchgebracht hat, kam, hast du ihm das Mastkalb geschlachtet. (31) Er aber sagte zu ihm: Kind, du bist immer bei mir, und alles, was mein ist, ist dein. (32) Jetzt aber mußte man fröhlich sein und sich freuen, denn dieser dein Bruder war tot und ist wieder lebendig geworden, er war verloren und ist wiedergefunden worden.

4.3   Einordnung in den Kontext des Evangeliums

Das Gleichnis vom verlorenen Sohn ist das dritte Glied in einer Gleichnisreihe innerhalb des lukanischen Reiseberichts, die die Freude über das Wiederfinden vom Verlorenen zum Thema hat (15,4-7 Gleichnis vom verlorenen Schaf; 15,8-10 Gleichnis vom verlorenen Groschen). Die beiden ersten Gleichnisse sind auf die Freude, die im Himmel über eine umkehrenden Sünder herrscht, bezogen. Adressaten sind sowohl Zöllner und Sünder, als auch Pharisäer und Schriftgelehrte, denen die Gemeinschaft Jesu mit den Sündern ein Dorn im Auge ist (15,1f).

Durch die Zusammenstellung mit den anderen beiden Verlorenen-Gleichnissen verdeutlicht Lukas das Generalthema, bei dem es um die Suche der Ausgestoßenen, Verachteten und Unterprivilegierten geht. Den Rahmen der Erzählung stellt die Einleitung (V.1-2) dar, mit der Lukas auf 5,29-32 und 7,34 zurück verweist, wodurch an die schon früher gezeigte Sünderliebe Jesu und dessen Tischgemeinschaft mit den Verlorenen erinnert werden soll.

Die Einbettung ist für das Verständnis der dreigliedrigen Gleichnisrede Jesu von besonderer Bedeutung. Jesus beschwert sich durch die Zuwendung zu Zöllnern und Sündern über Pharisäer und Schriftgelehrten. Jesus stellt seinen Zuhörern, den Sündern, ein Gottesbild vor indem es um Liebe, Güte und Mitleid geht vor.

Der jüngere Sohn aus dem Gleichnis spiegelt in der Rahmenhandlung die Zöllner und Sünder wider. Die Pharisäer und Schriftgelehrten werden durch den älteren Sohn wiedergegeben. Auf diese Gruppe richtet sich auch der offene Schluss. Allgemein soll zur Barmherzigkeit und Liebe Gottes aufgerufen werden.

4.4 Deutung des Gleichnisses

Beim Auswahltext „Der verlorene Sohn und sein Bruder" handelt es sich um eine alltägliche Geschichte. Ein Kind verlässt seine Familie, gibt sein Geld unnötig aus, kehrt schließlich reumütig wieder zurück und wird von seinem Vater wieder mit großer Freude aufgenommen. Als Rivale steht ihm sein älterer Bruder entgegen. Es ist ein sehr bekanntes Gleichnis mit der Aussage: Ein reuiger Sünder steht Gott näher als ein frommer Gerechter, der sich bereit erklärt hat, Gottes Willen zu tun.

Das Gleichnis kann man in drei Teile unterteilen.

Der erste Teil schildert knapp den Wandel und Schicksal des jüngeren Sohnes in der Fremde (13-20). Es wird der Abstieg (13-16), die daraus resultierende Reue und später die Rückkehr des Mannes zu seinem Vater geschildert (17-20a).

Im zweiten Teil wird der Sohn vom Vater wieder aufgenommen (20b-24).

Der dritte Teil schildert die Reaktion des älteren Sohnes auf die Rückkehr des jüngeren Bruders. Zunächst erfährt der ältere Sohn von der Rückkehr des Bruders (25-27) und setzt sich schließlich aus diesem Grund einem Streit mit seinem Vater aus (28-32).

Dem Leser wird schon direkt am Anfang durch die Aussage, dass ein Mann zwei Söhne hat, klar, dass es später zu einem Konflikt kommen wird. Schnell wird nach dem Aufbruch des jüngeren Sohnes der moralische Abstieg verdeutlicht, der später durch einen religiösen Abstieg verstärkt wird. Zunächst gibt er sein ganzes Vermögen unnötig aus und muss nach einer ausbrechenden Hungersnot die Arbeit eines Schweinehüters annehmen. Das Schwein war für die Israeliten ein unreines Tier, das nicht gegessen werden durfte. Es diente als Bild für Schmutz, Sünde und die Bedenkenlosigkeit des Abtrünnigen. Schweinehüten war die verachtetste Beschäftigung, die ein Jude ausüben konnte. Das spätere Essen vom Schweinefleisch zeigt umso deutlicher, wie stark der Abstieg des jüngeren Sohnes ist. Es geht nur noch um die physische Selbsterhaltung. Hier setzt nun die Wende ein. Der jüngere Sohn verspürt Reue, Buße um Umkehr. Der Sohn kehrt zurück zu seinem Vater und legt seinem Vater ein Schuldbekenntnis vor. Dadurch wird die Ernsthaftigkeit der Reue verdeutlicht. Das Schuldbekenntnis kann man in drei Teile unterteilen:

a) er habe vor Gott und seinem leiblichen Vater gesündigt

b) er sei nicht mehr wert, Sohn genannt zu werden

c) er erhofft die Gleichstellung mit einem väterlichen Tageslohn

Durch die gegensätzlichen Personen, kann der Leser selber eine Partei ergreifen. Der Vater ist der Mittelpunkt der Geschichte. Er verbindet die beiden Söhne, damit sie in Beziehung stehen.

Die beiden Söhne kann man folgendermaßen beschreiben:

Der jüngere Sohn ist wagemutiger, sucht seine Freiheit und zeigt sich als Weltenmensch.

Der ältere Sohn ist genau das Gegenteil. Er lebt nach den Normen seiner Familie und unterstützt seinen Vater. Charakteristisch gesehen ist er also gehorsam und wie man sich einen Sohn bzw. Schwiegersohn vorstellt.

Das Besonderer an der Beziehung Vater zu seinen zwei Söhnen ist, dass sie nicht miteinander sprechen. Es kommt die Frage auf, ob sie nur für sich selbst handeln.

Beziehungsgeflecht vom Vater und seinen Söhnen

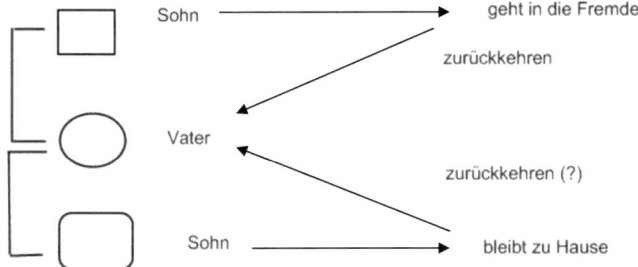

Man könnte meinen, dass Lukas wollte, dass der Leser sich selbst ein Urteil über die beiden Brüder bildet.

Die Handlung selbst wird in drei Geschichten untergliedert:

In der ersten Geschichte wird der jüngere Bruder und sein Abschied vom Vater beschrieben. Aber warum verlässt er seine Familie und gibt sein ganzes Erbteil aus? Möchte er die Welt sehen und die volle Freiheit und sein Leben finden? Er wird dabei bettlerarm und erlebt sein Fiasko.

Schweine hüten ist für Juden die tiefste Aufgabe. In dem Selbstgespräch gibt er seine Schuld zu und kommt zur Einsicht.

Die zweite Geschichte erzählt vom Vater. Von der Ferne aus sieht er schon seinen Sohn nach Hause kommen und lässt seinen Gefühlen freien Lauf. Er läuft seinem Sohn entgegen, nimmt ihn in die Armem kleidet ihn neu ein und nimmer ihn wieder als Sohn auf. Der Sohn empfängt den Vater nicht mit einem Vorwurf, einer Frage, einer Rechtfertigung oder einer Entschuldigung. Wichtig scheint nur die Heimkehr des Sohnes. Soll damit deutlich werden, dass Gott genauso ist, wie der Vater?

In der dritten Szene steht der ältere Sohn im Vordergrund. Er blieb zu Hause, lehnte sich nicht auf und diente seinem Vater. Macht er sich dadurch zum Knecht? Er ist bestürzt, als er die Reaktion seines Vaters auf die Rückkehr des jüngeren Sohnes sieht. Er war doch derjenige der arbeitsam und gehorsam all die Jahre war. Es scheint, als ob er für sein gutes Verhalten beim Vater einen Vorzug haben möchte und rächt sich am Bruder. Der Vater kommt auf seinen älteren Sohn zu und versucht alles zu erklären: „Alles, was mein ist, das ist auch dein. Du sollst dich aber freuen und dankbar sein, weil dieser dein Bruder, der tot war, nun lebendig, und der verloren war, gefunden ist."

Das Gleichnis hat ein offenes Ende mit vielen Fragen. Vertragen sich alle? Wird der Jüngere zu Hause bleiben? Der Leser bzw. die Leserin muss sich selber ein Urteil machen.

Es gibt zwei Möglichkeiten, wie man das Gleichnis lesen könnte.

Es könnte ein Familiendrama sein oder auch ein Gleichnis von Gott:

Die Grundwahrheit, dass Gott nicht nötigt kommt hier zum Vorschein. Er lässt den jüngeren Sohn einfach ziehen und lässt den Älteren seine Art. Die beiden Söhne sollen ihren Weg finden. Deshalb würde ein Eingreifen auch nichts nützen.

Zwei Lebensentwürfe der Söhne kommen zum Ausdruck. Der Jüngere, welcher in die Welt flüchtet und der Vertreter der Weltmenschen ist. Vermutlich ist der Weg weg von Gott sein Fiasko. Aber er findet diesen Weg auch wieder zurück. Dadurch, dass er sein ganzes Geld ausgibt, macht er sich auf den Weg zurück.

Der ältere Sohn ordnet sich unter, ist gehorsam und bemerkt nicht, dass Gott ihn frei lässt. Durch seine eigene Bravheit und Gehorsam hindert ihn daran Gott zu verstehen. Auf der einen Seite sind also die Kinder in der Welt in ihrer weltverlorenen Freiheit, auf der anderen die Kinder Gottes in ihrem gottverlorenen Gehorsam.

4.5 Das Gottesbild

Das Gottesbild dieses Gleichnisses ist ein sehr durchsichtiges Gottesbild. In der Parabel wird vor allen Dingen vom Reich Gottes und Verhalten Gottes erzählt. Dadurch spricht man hier auch von einem hellen Gottesbild. Dieses helle Gottesbild kommt durch die große Liebe, Das Mitleid und Erbarmen des Vaters seinem jüngsten Sohn gegenüber, zustande. Bei der Rückkehr des Sohnes hat der Vater ihm schon längst verziehen. Der Satz der Sohn „war tot und ist wieder lebendig geworden, er war verloren und ist wiedergefunden worden" (V.24 und 32) ist ein Zeichen der Lebensrettung. Der Vater hat in diesem Gleichnis einen besonderen Stellenwert. Er Eröffnet das Gleichnis und beendet es auch wieder. Die beiden Söhne treten kein einziges Mal in Kontakt. Hier wird die Grundbotschaft Jesu sehr deutlich. Gott verzeiht demjenigen, der erkannt, dass er Fehler gemacht hat. Der Vater wendet sich mit seiner Liebe und Güte nicht nur an seinen jüngeren Sohn. Durch die Rückkehr des Sohnes, kippt das Verhalten des älteren Sohnes und er droht zum „verlorenen Sohn" zu werden. Daher wendet sich auch der Vater mit seiner Liebe und Güte an ihn.

Das Verhalten des Vaters, was wiederrum das Gottes Wesen widerspiegelt, zeigt, dass sie den Menschen als Person respektieren und ihm seine Freiheit und seinen eignen Willen anerkennen. Die Freiheit wird in der Parabel deutlich, dass der Vater seinen jüngeren Sohn ziehen lässt. Bei der Rückkehr wird er trotz Schande weiterhin mit aller Würde respektiert.

Aber auch das Verhalten des Vaters dem älteren Sohn gegenüber ist vergleichbar mit dem Verhalten dem jüngeren Sohnes gegenüber. Obwohl der ältere Sohn uneinsichtig ist, reagiert der Vater nicht mit Drohungen oder Zwang. Sondern er versucht, dass sein Sohn einsichtig wird und seinem Verhalten zustimmt. Der Vater ist sehr geduldig und versucht ohne Druck seinen Sohn zu überzeugen.

Zusammenfassend kann man sagen, dass es bei dem Gottesbild um einen Menschen handelt, der gütig und barmherzig ist. Tief in seinem inneren zeigt er seine Liebe zu

Gott. Gott nimmt die Menschen wieder in seinen Umkreis mit einem Freudenfest auf, die Reue zeigen und sich umkehren. Außerdem wird er als geduldig und voller Güte beschrieben. Des weiteren setzt er den Menschen nicht unter Druck sondern gibt ihm alle Freiheit, die er braucht, solange er respektiert wird. Dadurch wird er von den Menschen aus freiem Willen geliebt.

5. Schlusswort

Die Auslegung des Gleichnisses hat gezeigt, welche unterschiedlichen und vieldeutigen Gottesbilder und Interpretationen in einem Gleichnis stecken können.

Würde man dieses Gleichnis in einer Grundschulklasse besprechen, so könnte man nicht auf alle Aspekte eingehen. Jedoch finde ich das Gleichnis bezogen auf das Thema „Menschenliebe" sehr sinnvoll und verständlich.

Die Kinderbibel allgemein halte ich in der Grundschule für sehr hilfreich. Den Kindern wird alles sehr nah gelegt und deutlich erklärt. Dies geschieht vor allem durch die modernen Bildern. Die Kinder bekommen direkt einen Bezug zum Geschehen und können es mit ihrer Umgebung in Beziehung setzen. Dadurch fällt es ihnen auch leichter die Geschichten, Aussagen und Gleichnisse auf ihre jetzige Umwelt zu übertragen.

Ein weiterer Grund sind die vereinfachten und verkürzten Texte. Die Kinderbibel umfasst nicht alles, sondern nur das, was einem Grundschulkind näher gebracht werden sollte.

Die Bild und Textkommentare zur Bibel sind eine Hilfe für den Lehrer. Es werden noch einmal die Aussagen zusammengefasst, wobei ich leider finde, dass der Aussagekern etwas untergeht.

Alles in allem ist die Schulbibel in meinen Augen gut gelungen und als Unterrichtsmaterial gut zu verwenden.

6.   Literaturverzeichnis

Primärliteratur:

- CONZELMANN, Hans; Lindemann, Andreas: Arbeitsbuch zum Neuen Testament (7.Auflage), Mohr Siebeck (UTB), Tübingen 1983
- JEREMIAS, Joachim: Die Gleichnisse Jesu (8. Auflage), Vandenhoeck & Ruprecht, Göttingen 1970
- MÜNCH, Christian: Kleine Methodenlehre zum Neuen Testament. Herder 2005
- Leben lernen mit der Bibel: Der Textkommentar zu Meine Schulbibel, Herausgegeben von Franz W. Niehl (2. Auflage), Kösel-Verlag, 2003
- Sehen lernen mit der Bibel: Der Bildkommentar zu Meine Schulbibel, Herausgegeben von Reinhard Hoeps, (2. Auflage), Kösel-Verlag, 2003
- http://kirchensite.de

Primärliteratur:

- Die BIBEL. Altes und Neues Testament, Einheitsübersetzung, Freiburg/ Basel/ Wien, 1997, Verlag Herder
- Lexikon für Theologie und Kirche, Herausgegeben von Josef Höfer und Karl Rahner, 1957, Verlag Herder Freiburg
- BUTZON & BERCKER, Katholisches Bibelwerk: Meine Schulbibel (2. Auflage), München 2006